AF332856

GRANDE ARMÉE

CAMPAGNE DE PRUSSE

EN JUIN 1807

JOURNAL

D'UN OFFICIER D'ÉTAT-MAJOR,

AIDE-DE-CAMP DU MARÉCHAL SOULT, DUC DE DALMATIE,
COMMANDANT EN CHEF LE 4ᵉ CORPS,

PAR

M. le Gⁿˡ Bⁿ DE SAINT-JOSEPH.

PARIS

IMPRIMERIE DE E. MARTINET

RUE MIGNON, 2

1863

GRANDE ARMÉE

CAMPAGNE DE PRUSSE

EN JUIN 1807

JOURNAL D'UN OFFICIER D'ÉTAT-MAJOR,

AIDE-DE-CAMP DU MARÉCHAL SOULT, DUC DE DALMATIE,
COMMANDANT EN CHEF DU 4e CORPS.

---

4 juin. — Dans les premiers jours de juin 1807, l'armée française était tranquille dans ses camps et retranchements sur la Passarge (1), et dans les cantonnements qu'elle occupait depuis le mois de mars.

L'ennemi commença les hostilités le 4, par une forte reconnaissance de la tête de pont de Spanden, défendue par le 27e régiment d'infanterie légère de la brigade du général Frère, du 1er corps d'armée ; quelques décharges d'artillerie l'obligèrent à s'éloigner.

(1) Rivière assez forte et assez encaissée à proximité de Liebstadt, où le maréchal Soult avait son quartier général, avant l'incendie de cette ville. Elle se dirige vers le nord-ouest et se jette dans le Frische-Haff, au-dessous de Braunsberg, entre les villes importantes de Kœnisberg et d'Elbing.

1

5 juin. — Le 5 au matin, ce ne fut plus une reconnaissance mais une attaque générale; cinq régiments se portèrent contre la tête de pont de Spanden, une division contre celle que nous avions à Lomitten, et le gros de l'armée russe commandé par le général Beningsen, attaqua la ligne du maréchal Ney, qui s'étendait de Wolfsdorf au delà de Guttstadt.

A quatre heures du matin le canon de Lomitten nous réveilla; le maréchal Soult partit avec tout son état-major du château de Rosenau, qui en était éloigné de plus de deux lieues, et se rendit aux camps de ses 1re et 2e divisions, au-dessus de Liebstadt où était son point de défense, et où il attendait l'ennemi, s'il eût forcé le pont de Lomitten. Mais nous avions là trois redoutes et le terrible 57e. Ce régiment fut envoyé dans un bois situé à la gauche du village où l'ennemi avait déjà pénétré. Le feu vif et soutenu qu'il dirigea contre lui l'empêcha d'avancer, pendant que le brave 46e (le régiment de Latour-d'Auvergne) et quelques compagnies du 24e léger défendaient Lomitten.

Les premiers rapports faits au maréchal lui firent croire que ce n'était qu'une forte reconnaissance semblable à celle de la veille au pont de Spanden. Il me chargea d'aller en informer le maréchal Ney, commandant le 6e corps, et de savoir ce qui se passait de son côté, où le canon se faisait entendre; il me recommanda en même temps de m'assurer si l'ennemi ne se serait pas emparé de Wolfsdorf, situé sur ma route. J'arrivai à ce village précisément au moment où plusieurs bataillons russes se présentaient pour l'attaquer,

les Cosaques se montraient dans la plaine ; je parlai
à un chef d'escadron du 3e de hussards qui, avec son
escadron, avait un bataillon sous ses ordres. Il me dit
que ses forces ne lui permettraient pas de résister longtemps, mais qu'il croyait qu'en prenant la route de
Scharnich, j'arriverais à Guttstadt sans malencontre.
Je suivis son conseil ; je traversai toute la ligne des
avant-postes du 6e corps où le feu s'engageait sur
différents points, et je trouvai le maréchal Ney en
avant de Guttstadt, dont il défendait encore les approches, attaquées vigoureusement par l'ennemi ; les colonnes russes souvent cachées par des plis de terrain ou
par des bois épais, s'avançaient en masses et se dé-
ployaient à courtes distances de nos lignes.

Je fis mon rapport au maréchal au milieu d'un
groupe d'officiers ; il me dit de repartir tout de suite
et de dire au maréchal Soult qu'il avait plus de
20 000 hommes devant lui, qu'il était attaqué de
toutes parts, et qu'il croyait nécessaire que le maréchal fît une démonstration sur sa gauche pour opérer
une diversion.

Bataille de Guttstadt. — Je partis aussitôt ; mais à
peine avais-je dépassé Guttstadt, que je trouvai des Cosaques à droite et à gauche de la route et tout le train
d'artillerie du 6e corps qui revenait. Je voulus passer par
les terres labourées pour me rendre au camp du 69e et
de là à Scharnich où j'espérais trouver la route libre ;
les Cosaques l'avaient aussi interceptée. On m'indiqua
celle de Deppen, située sur la Passarge, point de re-

traite du 6ᵉ corps ; dans le même moment, on apprit
que les Cosaques venaient d'enlever les équipages du
maréchal Ney et toutes les voitures qui avaient suivi
cette route ; on les voyait courir dans le fond du pays.
Je n'eus donc d'autre parti à prendre que de retourner auprès de ce maréchal. Je parcourus longtemps
toutes ses lignes sans le trouver, je m'adressai à plusieurs généraux qui ne purent me donner de ses nouvelles ; cependant l'action commençait à devenir générale et les boulets dépassaient nos lignes (1).

Enfin, je rencontrai le général Dutaillis, son chef
d'état-major, avec plusieurs de ses aides de camp,
dans le moment où le corps d'armée faisait un mouvement rétrograde. Je me joignis à eux et je les suivis à
Althof où nous arrivions à peine, quand l'ennemi qui
avait tourné le corps d'armée par sa droite, en arrière de
Guttstadt, se présenta en force sur plusieurs points. Un
bataillon et quelques pièces de canon placées sur une
élévation de terrain firent feu aussitôt sur les colonnes les
plus rapprochées et les continrent jusqu'à ce que tous
les équipages eussent filé. En même temps, le maréchal
plaçait chaque corps de ses divisions de manière à
éviter d'être attaqué sérieusement sur ses flancs, disposition qu'il prit rapidement, profitant avec habileté

(1) L'un d'eux, pendant que je suivais le général Marchand, se ren-
dant en toute hâte à la gauche de sa division serrée de près par les
Russes, fut tiré en face de moi, et à une si courte portée, qu'effleuré
presque par le projectile, je sentis ma joue embrâsée, et machinalement j'y portai la main. Le général Marchand me crut emporté.
Il se retourna brusquement vers moi, et, me voyant debout, me fit
compliment sur mon bonheur.

et sa grande habitude de la guerre, des moindres ac-
cidents de terrain et de quelques parties boisées sur
les hauteurs. L'ennemi arrivait de tous les côtés ; par-
tout il rencontrait un obstacle solide, et persuadé que
nos forces avaient été augmentées, redoutant d'ailleurs
notre bravoure, il était circonspect et s'entourait de
précautions pour avancer. Le pays étant assez ouvert
et même quelquefois uni, plusieurs régiments de dragons russes entreprirent des charges à fond. Ils vinrent
se heurter contre des carrés inébranlables dont le feu
nourri et à bout portant leur fit éprouver des pertes
sensibles.

Le maréchal Ney, que je rejoignis en avant de Queetz,
me dit de rester auprès de lui, jusqu'à ce qu'il reçût
des renseignements sur la route de Deppen. Il eut
l'extrême bienveillance de me parler des positions qu'il
faisait occuper pour résister à l'ennemi et l'empêcher de
gagner du terrain, ne lui cédant que lorsque ses masses
s'accumulaient ou qu'il parvenait à s'emparer d'une
position qui pouvait compromettre le mouvement que
le 6ᵉ corps d'armée devait exécuter pour se rallier aux
autres corps de la grande armée, sur la Passarge,
à Deppen même.

Arrivé à Queetz vers les quatre heures, le maréchal
me dit d'essayer de retourner auprès du maréchal Soult
en passant par Deppen ; il ajouta que les équipages
continuaient à filer et qu'il n'y avait pas apparence que
les Cosaques fussent sur la route. Il me donna deux
ordonnances, car j'étais venu seul, et je partis en me
dirigeant sur Anckendorf, Heiligenthal et Deppen où

j'arrivai heureusement. Je m'y arrêtai quelques moments pour faire rafraîchir mon cheval que je montais depuis cinq heures du matin, et je poursuivis ma route vers Liebstadt, en passant par Waltersdorf et Baners.

Je trouvai le maréchal Soult à l'endroit où je l'avais laissé le matin, au camp de la 2ᵉ division. Il était inquiet sur mon compte et me croyait au moins au pouvoir des Cosaques. Je lui fis part de ce que le maréchal Ney m'avait chargé de lui dire et de ce que j'avais vu ; la retraite du 6ᵉ corps d'armée ne le surprit pas, il savait que la position qu'il occupait s'avançant en pointe était la plus faible, et que ce serait celle que l'ennemi attaquerait de préférence ; mais il ne fut point d'avis du mouvement que ce maréchal lui conseillait de faire sur sa gauche; ses instructions d'ailleurs s'y opposaient.

Il était alors sept heures, je remontai à cheval pour suivre le maréchal à Lomitten où l'on tirait encore le canon. J'appris que l'attaque de cette tête de pont n'avait pas cessé depuis le matin, et que nos braves régiments l'avaient défendue avec le plus grand acharnement. Le 57ᵉ surtout, depuis cinq heures du matin jusqu'à six heures du soir, ne cessa de faire un feu très vif dans le bois. On me dit que le maréchal avait ordonné d'abandonner Lomitten et ensuite de le reprendre et que ces mouvements avaient été exécutés avec beaucoup d'ordre et un grand élan. Le général Ferrey qui commandait ce poste s'y était particulièrement distingué par son activité et son courage.

Enfin, les feux cessèrent de part et d'autre à huit heures ; nous nous retirâmes à Liebstadt dans la maison du général Compans, chef d'état-major du corps d'armée, la seule que l'incendie de cette malheureuse ville eût épargnée. Nous y trouvâmes un bon dîner qui nous dédommagea des fatigues de la journée et du peu de nourriture que nous avions pris depuis le matin. On parla beaucoup à table de l'affaire de Lomitten, et le maréchal me fit répéter ce que je lui avais appris de celle de Guttstadt. On cita le trait d'une vivandière du 57ᵉ qui, dans le plus chaud de l'action, venait faire boire la goutte gratis aux tirailleurs et faisait emporter les blessés. On lui dit plusieurs fois de se retirer, elle persista à rester, en répondant que si elle était tuée, ce ne serait jamais qu'une femme de moins, et qu'il valait mieux que ce fût elle qu'un brave soldat. En rentrant, le maréchal rencontra un fusilier du même régiment qui marchait avec peine; il lui demanda d'où il venait: « Mon maréchal, lui dit ce brave homme, je viens de conduire un de mes camarades à l'ambulance et je retourne au régiment.—Mais qu'as-tu? Tu peux à peine te traîner? — Oh! ce n'est rien, c'est un obus qui m'a renversé, mais je vais tout de même. » Et il poursuivit son chemin.

Avant d'aller prendre quelque repos, le maréchal me dit: «Allons, monsieur l'officier, venez avec moi.» Je le suivis seul avec le général Compans, au camp de la 2ᵉ division; il s'arrêta à une batterie d'où il découvrait les feux de Lomitten et ceux de l'ennemi. Ils étaient très nombreux; appuyé sur l'affût d'un canon, il les considérait et ne put s'empêcher de dire qu'il croyait que l'affaire serait plus générale le lendemain.

Nous restâmes quelque temps dans cette position, livrés
à nos réflexions. L'aspect d'un vaste pays couvert des
feux russes et français, la tranquillité de nos camps,
après la lutte la plus vive, le silence qui avait succédé
au bruit du canon, tout cela produisait sur l'esprit une
vive impression.

6 juin. — Ce que le maréchal nous avait dit me
faisait croire à une affaire plus sérieuse pour le lendemain ; mais, à notre grand étonnement, nous ne vîmes
plus au point du jour les troupes qui étaient devant
Lomitten. Elles s'étaient retirées dans la nuit, pour
aller joindre celles qui s'étaient battues la veille contre
le maréchal Ney, et l'avaient obligé à rétrograder
jusqu'à Anckendorf. Le 6ᵉ corps fut attaqué encore
plus vigoureusement de très grand matin, et la fumée
du canon que nous voyions avancer de notre côté, nous
fit croire qu'il se retirait plus promptement que la
veille. Le maréchal Soult fit venir sa cavalerie légère
commandée par le général Guyot, véritable général
d'avant-garde, et l'envoya du côté de Deppen où le
maréchal Ney commençait à arriver ; elle servit à
contenir les Cosaques qui auraient harcelé ses troupes,
et lui fut d'une grande utilité. Nous fîmes avancer
quelques pièces et la brigade Bujet sur la route de
Deppen, et nous passâmes la journée sur les hauteurs
de Baners, nous attendant toujours à nous porter en
avant, mais l'ennemi ayant obligé le maréchal Ney à
traverser la Passarge à Deppen, cessa de l'attaquer, et à
cinq heures du soir tout était rentré dans le calme.

Cette journée fut encore plus terrible pour le 6° corps que la précédente; cinq de ses régiments furent au moment d'être entourés, et ne durent leur salut qu'à leur bravoure et aux savantes dispositions du maréchal Ney. La route de Deppen était couverte de blessés. Nous allâmes voir à Baners le général Dutaillis, qui avait eu le bras emporté le matin par un boulet. Après avoir passé quelques heures au camp du 10° léger, près de Baners, et visité les camps des 1re et 2e divisions, nous rentrâmes à Liebstadt.

7 juin. — Le lendemain, nous nous rendîmes de nouveau à la pointe du jour, au camp du 10° léger commandé par le colonel Berthezène, croyant que l'ennemi entreprendrait une nouvelle attaque contre le 6° corps ; mais nous n'entendîmes que quelques coups de canon éloignés qui nous parurent venir du corps du maréchal Davout, qui de son côté s'était mis en marche pour appuyer la droite du maréchal Ney, et nous retournâmes à Liebstadt où nous passâmes la journée sans remonter à cheval. A deux heures, le maréchal Soult reçut l'ordre de se rendre à Mohrüngen où l'Empereur venait d'arriver et où toute la cavalerie se trouvait réunie. Il revint dans la nuit à trois heures et ne fit partir les ordres que l'Empereur lui avait donnés pour mettre le corps d'armée en mouvement que lorsque sa 3° division commandée par le général Legrand et la division de dragons sous les ordres du général Latour-Maubourg furent arrivées de Mohrüngen : il était alors onze heures.

8 juin. — A midi toutes les divisions se mirent en marche pour traverser la Passarge et suivre la route qui leur avait été tracée. La division de dragons passa cette rivière à Pittehnen et fut suivie par la division Carra Saint-Cyr et la division Saint-Hilaire ; la cavalerie légère, commandée par le brave général Guyot, déboucha à droite par le pont d'Elditten avec la division Legrand. Deux régiments restèrent l'un à Pittehnen, l'autre à Elditten pour garder leurs têtes de pont. Les troupes qui avaient passé à ce premier village se dirigèrent sur Schwenditten et Diettrichsdorf et devaient s'avancer jusqu'à Arensdorf ; la cavalerie légère avait ordre de chasser les Cosaques qui se trouvaient dans la plaine, de passer avec la division Legrand à Wolsdorf et ensuite de se porter du côté d'Arensdorf. Tous ces mouvements s'exécutèrent avec un ensemble remarquable dans un pays peu accidenté, mais entrecoupé d'épaisses forêts ; les divisions avançaient en ordre en se faisant éclairer sur leurs flancs ; le maréchal était à la tête de l'infanterie et arriva avec elle à Diettrichsdorf où il lui fit faire halte, et vint du côté d'Elditten voir si sa cavalerie légère gagnait du terrain.

Elle venait d'avoir dans ce moment une affaire très malheureuse : le général Guyot, pressé d'agir pour éclairer à fond le flanc droit de l'armée, se dirigea trop à droite sans être soutenu ni par les dragons ni par l'infanterie, et s'approcha du village de Kleinenfeld où il aperçut des Cosaques. Ne pouvant se douter qu'il fussent en masse sur ce point, il débouche de ce village avec ses trois régiments qui ne faisaient pas en tout six cents chevaux. A peine l'a-t-il dépassé que plus de mille Cosaques fondent sur lui, sans qu'il ait le temps de prendre ses dispositions pour les recevoir ou pour se retirer. Ceux qui étaient le plus près du village battirent en retraite, mais les hommes qui composaient l'escadron faisant tête de colonne et les officiers qui le commandaient furent presque tous tués ou faits prisonniers. Quant à lui, désespéré, préférant mourir plutôt que de se rendre, il fit de nouveaux efforts pour rallier ses troupes, se défendit jusqu'à la dernière extrémité et tomba percé de trente coups de lance. La perte de ce digne et vaillant militaire affligea profondément le maréchal, il ne put s'empêcher de dire qu'elle était des plus regrettables ; c'était un des meilleurs généraux de cavalerie de l'armée et le plus aimé du soldat que j'aie connu. Sa brigade passa sous les ordres du général Latour-Maubourg qui fit avancer ses dragons pour s'emparer de Kleinenfeld où il ne trouva plus de Cosaques.

Le maréchal faisait déboucher en même temps la division Legrand du bois en arrière de Wolfsdorf. L'ennemi était encore dans ce village, on lui envoya seulement quelques obus et on fit revenir les tirailleurs qui y étaient déjà entrés. Il était tard, le maréchal fit rapprocher les 1re et 2e divisions de celle du général Legrand et elles bivouaquèrent réunies. Nous nous établîmes dans un bois où nous fîmes maigre chère ; nos cantines s'étaient égarées et il fallut nous contenter de quelques morceaux de pain que nous eûmes beaucoup de peine à nous procurer et de l'eau infecte d'une mare dans laquelle nous vîmes le lendemain un cheval mort.

9 juin. Affaire de Diettrichsdorf. — A trois heures du matin nous étions sur pied; à cinq, le maréchal donna l'ordre à ses divisions de se mettre en marche et de suivre celle du général Legrand qui devait passer à Wolfsdorf. A peine se mettaient-elles en mouvement, qu'on vint avertir le maréchal qu'une colonne ennemie se présentait sur ses derrières et nous entendîmes en même temps tirailler. La division Saint-Hilaire, qui formait l'arrière garde, fit aussitôt demi-tour et entra dans le bois où l'ennemi gagnait du terrain ; notre artillerie prit position, tira sur la cavalerie qui était en avant de Diettrichsdorf et lui fit éprouver quelques pertes; nos dragons la poursuivirent et tout le corps d'armée suivit le mouvement de l'arrière-garde. Cette colonne que nous reconnûmes pour être celle du général Kamenski, qui s'était portée du côté de Dantzig pendant le siége et avait attaqué les jours précédents la tête de pont de Spanden, cherchait à rejoindre l'armée russe; mais dès qu'elle se fut rapprochée de nous, elle battit en retraite. Notre cavalerie la poussa l'épée dans les reins, et je portai l'ordre au général Latour-Maubourg de la poursuivre avec ses dragons jusqu'au delà de Carben et d'envoyer un détachement de cinquante chevaux pour l'observer sur Wormditt et Mehlsack. Ce mouvement fait et l'ennemi continuant à s'éloigner, nos troupes firent halte et se remirent en route un moment après, pour revenir à Wolfsdorf. L'ennemi perdit dans cette petite affaire environ quatre cents hommes.

Arrivés à Wolsdorf, nous nous dirigeâmes sur Beiswalde et Altkirch ; nous fûmes reconnus en route par un détachement de la cavalerie légère du général Lasalle et nous arrivâmes à six heures du soir au dernier village, où nous trouvâmes la brigade de cavalerie légère du général Pajol. Nos divisions bivouaquèrent à droite et à gauche d'Altkirch.

L'Empereur avait passé la Passarge la veille à Deppen avec sa garde, la cavalerie et la réserve, il était arrivé le matin à Guttstadt d'où il avait chassé l'ennemi et fait faire plusieurs charges contre sa cavalerie avec succès. Il l'avait débusqué le 8 de la position de Glottau.

10 *juin. Bataille d'Heilsberg.* — Après avoir passé une assez mauvaise nuit dans un taudis à Altkirch, le maréchal m'envoya à trois heures à Guttstadt afin d'y attendre les ordres du prince de Neufchâtel, alors ministre de la guerre, en même temps que major-général. Il en était déjà parti et je le rejoignis en route. Il se rendait auprès de l'Empereur qui était venu par une route plus courte à notre corps d'armée. Il le passa en revue et le fit mettre en marche sur Peterswalde.

La cavalerie du grand-duc de Berg avait pris les devants ; la garde impériale suivit nos divisions. Après avoir déjeuné, l'Empereur se rendit à Peterswalde, s'assit au coin d'un bois et vit filer les troupes qu'il avait mises en mouvement; le sol était ébranlé par leurs masses imposantes, un soleil d'Italie faisait briller les armes d'un vif éclat, et annonçait une forte chaleur d'été. La cavalerie du grand-duc de Berg se dirigea sur Launau et un instant après le maréchal Soult, qui était auprès de l'Empereur, m'envoya auprès du général Legrand pour qu'il portât sa division sur ce village, afin de protéger les mouvements de cavalerie du grand-duc (1). A mon retour, il monta à cheval et fut se mettre lui-même à la tête de son corps d'armée. Nous visitâmes en passant les camps de l'ennemi qui étaient construits assez régulièrement; mais leurs baraques en écorce d'arbre et couvertes de feuillage mettaient peu à l'abri de la pluie et du mauvais temps.

Nous ne tardâmes pas à arriver sur une hauteur à côté du village de Launau, où nous trouvâmes le grand-duc de Berg. Sa cavalerie était arrêtée devant les retranchements que les Russes avaient élevés sur des hauteurs en avant et sur la droite de Heilsberg; on commençait à tirer le canon sur elle. Il s'entretint avec le maréchal et ils examinèrent ensemble la position de l'ennemi. Les redoutes qui garnissaient son front an-

(1) Le maréchal Soult, assis auprès de l'Empereur, me demanda mon calepin (que j'ai conservé) et il y écrivit ces mots : « Le général Legrand marchera de suite avec toute sa division sur Launau où il prendra une bonne position militaire et protégera les mouvements de cavalerie du grand-duc de Berg. » Vous direz au général Legrand, dont la division fait tête de colonne, me dit le maréchal, de prendre lui-même copie de cet ordre.

nonçaient des forces considérables, elles commandaient à toute la plaine qui se trouvait un peu resserrée après Launau, par la rivière de l'Alle à droite et par un bois à gauche. L'ennemi appuyait sa gauche à l'Alle et y était solidement établi ; sa droite paraissait un peu en l'air, et c'est par cette aile que l'attaque fut résolue. Le grand-duc de Berg fit aussitôt avancer sa cavalerie en gagnant la gauche de la plaine ; la division Legrand entra dans le bois pour en chasser les tirailleurs et déboucher sur la gauche de notre cavalerie. Une partie de notre artillerie avança, prit position et commença à tirer sur les retranchements.

Ce mouvement était très bien combiné : mais la cavalerie s'engagea trop précipitamment ; le maréchal voyait qu'elle avait un plus grand besoin d'infanterie à sa droite qu'à sa gauche et m'envoya ordonner aux généraux Carra Saint-Cyr et Saint-Hilaire de se porter tout de suite en avant avec leurs divisions et de se mettre en bataille entre le bois et l'Alle. Elles étaient assez éloignées, et pendant le temps que je mis à les avertir, la cavalerie fut obligée de faire plusieurs charges pour se maintenir dans la position trop avancée qu'elle avait prise ; notre artillerie s'était portée en avant et gagnait du terrain sur la gauche, d'où elle faisait un feu très vif sur les batteries ennemies ; elles nous répondaient vigoureusement et l'affaire commençait à s'engager sérieusement sur tous les points.

J'arrivai avec la division Carra Saint-Cyr ; le maréchal la fit placer en bataille et lui ordonna de marcher à l'ennemi par échelons en bataille et en colonnes. La division Saint-Hilaire, qui la suivait, se forma dans le même ordre. Le maréchal se porta alors sur la hauteur où était placée notre artillerie, la renforça et examina de nouveau avec attention la position de l'ennemi. Elle était telle qu'il l'avait d'abord jugée; mais, apercevant plusieurs régiments d'infanterie soutenus par de la cavalerie qui avançaient et s'approchaient du petit village de Lawden (1), situé dans un bas-fond et dominé à droite par un plateau dont les Russes commençaient à s'emparer, il vit le moment de lancer son infanterie; il courut aussitôt à Lawden où la division Carra Saint-Cyr arrivait et fit battre la charge pour s'emparer du plateau. Les expressions me manquent pour peindre l'ardeur avec laquelle nos braves, aux cris de *Vive l'Empereur!* s'élancèrent sur cette élévation. En étant devenus bientôt maîtres, ils commencèrent un feu terrible qui culbutait tout devant eux. Sur l'ordre du maréchal, je courus avertir l'artillerie et la cavalerie; toutes nos troupes arrivaient successivement et l'ennemi se retirait devant nous.

Le maréchal Soult dominait de sa haute stature la première ligne de ses troupes; il les faisait porter en avant, et commandait lui-même ses soldats, qu'il ani-

(1) A Saint-Pétersbourg, où le maréchal m'envoya en mission après la paix de Tilsitt, j'appris du général Czernicheff lui-même, alors colonel, qu'envoyé à Lawden pour assurer l'occupation de ce point important, il y arrivait comme notre cavalerie s'en emparait, et qu'il ne dut qu'à la vigueur et à la vitesse de son cheval de ne pas être fait prisonnier.

mait du geste et de la voix. Satisfait de leurs succès, il me prit par le bras avec vivacité, et me dit : « Cou- » rez auprès de l'Empereur ; dites-lui que mon infan- » terie repousse l'infanterie et la cavalerie ennemies, » mais que j'ai besoin de cavalerie, et que je crois né- » cessaire que le prince Murat fasse un mouvement » sur ma gauche pour faire beaucoup de prisonniers. » Le bonheur de porter cette nouvelle me donna des ailes ; ma course ne fut pas longue. Je trouvai l'Em- pereur à peu de distance ; il avait mis pied à terre sur un mamelon élevé. De ce point son regard embrassait le champ de bataille : sur la droite, et à cheval sur l'Alle, la ligne des redoutes russes ; devant lui un pays d'abord assez resserré, mais s'élargissant ensuite, où la cavalerie, déjà éloignée, engageait de son côté le com- bat ; sur la gauche, une vaste et épaisse forêt, traversée en ce moment par la division Legrand qui s'avançait en tiraillant. Au loin, un vaste horizon, vers lequel le grand-duc de Berg avait poussé de nombreux tirail- leurs contre les tirailleurs ennemis ; la poussière s'y élevait.

Je descendis de mon cheval, et, le tenant par la bride, je m'approchai de l'Empereur. Sa figure était soucieuse ; elle semblait dire, voyant sa nombreuse cavalerie gagner toujours du terrain avant l'arrivée de l'infanterie : *Affaire mal engagée*. Le prince de Neuf- châtel et le maréchal Lannes étaient auprès de lui : le premier à sa droite, le second à sa gauche.

Je remplis la mission dont le maréchal Soult m'a- vait chargé ; l'Empereur, toujours les yeux fixés devant lui en m'écoutant, se tourna alors vers le prince de Neufchâtel, et, d'un signe de tête, lui demanda son avis : «Oui, dit le major-général, il est possible que ce soit bon. » L'Empereur faisant ensuite le même signe de tête au maréchal Lannes : « Il a raison, répondit aussitôt celui-ci, vous ne pouvez pas faire autrement. » Alors l'Empereur me regardant, me dit vivement : « Vous voyez cette cavalerie, courez-y promptement ; dites au grand-duc de Berg de faire filer tout de suite 1000 chevaux derrière l'infanterie du maréchal Soult pour y être à sa disposition. » Après ces mots, je vis l'attention de l'Empereur se reporter tout entière sur le champ de bataille (1).

Je parcourus toutes les lignes de la cavalerie pour trouver le grand-duc de Berg ; je traversai le village de Retsch, où un vieil officier de cuirassiers blessé grièvement et soutenu sur son cheval par plusieurs cavaliers, m'offrit l'image de ces guerriers dont Homère nous retrace les derniers moments. Son casque, sa figure ridée, pâle et couverte des ombres de la mort, son regard fier et encore menaçant, me

(1) Dans les grandes manœuvres du 4ᵉ corps d'armée et dans les mouvements qu'il exécutait en campagne, le maréchal Soult ne nous laissait jamais partir sans nous faire répéter les ordres qu'il nous donnait, et au retour de nos courses nous devions les lui redire. (Le règlement du service en campagne devrait prescrire cette disposition essentielle, indispensable pour tous les ordres donnés, n'importe le grade, comme cela a lieu pour les consignes.) Machinalement, en ayant contracté l'habitude, je répétai l'ordre de l'Empereur : «1000 chevaux, Sire ? » Comme je l'ai dit, il n'était plus à moi, la bataille l'absorbait, je lui occasionnai un mouvement d'impatience qui me valut ces mots : « Eh oui ! monsieur, partez ! »

reportèrent aux récits du poëte grec, dont ma mémoire conservait encore les récents souvenirs.

J'étais en avant des premières lignes du grand-duc sans avoir pu le découvrir ; j'y rencontrai le maréchal qui le cherchait aussi, et ne fut pas plus heureux que moi. Il se porta alors du côté de sa troisième division, qu'il était impatient de voir déboucher ; il arriva en même temps qu'elle à l'extrémité du bois, et la fit porter immédiatement en avant. Ce mouvement exécuté avec ordre et promptitude eut d'importantes conséquences.

Dans ce moment, les fortes colonnes de cavalerie, que l'ennemi avait formées en arrière et à la faveur de ses retranchements, s'ébranlaient. Elles fondirent impétueusement sur nos lignes de cavalerie. Celles-ci immobiles, masquées par de nombreux tirailleurs, attaquées inopinément et de très près par ces pesantes masses, n'étaient pas en état de résister à leur choc. Force leur fut de se porter par un mouvement rapide, quelque distance en arrière, sous la protection de la brigade Ledru des Essarts de la division Legrand, que le maréchal fit aussitôt former en carré, et dont le feu à bout portant couvrit le champ de bataille de cavaliers et de chevaux russes.

La division du général Carra Saint-Cyr, chargée de l'attaque des redoutes, avait aussi contribué à ce succès en arrêtant la cavalerie ennemie. Cette brave et courageuse division se maintenait, malgré le feu le plus meurtrier, sur le bord d'un ravin qu'elle se disposait à franchir, quand le maréchal arriva. La voyant très affaiblie par le combat qu'elle soutenait, depuis que l'affaire était engagée, il ordonna sur-le-champ, à la division Saint-Hilaire le passage des lignes en avant, pour se porter de l'autre côté du ravin.

Ce mouvement fut rapidement et brillamment exécuté. La charge bat, et ces braves soldats, fiers d'être, à leur tour, les premiers devant l'ennemi, courent aux redoutes, s'élancent sans tenir compte des fossés, des chevaux de frise, des palissades; mais c'étaient là, malheureusement, des obstacles à rendre impuissants une attaque de vive force. Les feux les plus terribles d'artillerie et de mousqueterie reçoivent les assaillants au pied des redoutes, tandis que les dragons russes manœuvraient pour les charger sur leur gauche. La position n'était pas tenable, et les troupes plièrent un instant. Bon nombre d'officiers avaient été mis hors de combat ; le brave colonel Perrier, commandant le 55e de ligne, avait été tué glorieusement au plus fort de l'attaque.

Séparé du maréchal, ainsi que deux de mes camarades, par le mouvement de la cavalerie, au milieu duquel nous nous étions trouvés, nous contribuâmes de notre mieux, en nous portant en avant et sur plusieurs points, à rallier la division Saint-Hilaire qui ne tarda pas à se reformer, et reprit son inébranlable contenance devant l'ennemi.

Le soleil nous avait tenu parole, une chaleur excessive régna dans cette journée, et nous causa, à la suite de marches et de fatigues incessantes, depuis le point du jour, une soif ardente qu'augmentait la pri-

-√ vation de toute nourriture. Je considérai comme une bonne fortune d'obtenir d'un soldat tout couvert de sueur sa gamelle, qu'il avait plongée dans la fange d'une mare à peine liquide. Elle put, du moins, servir à rafraîchir un instant mes lèvres.

Il était alors huit heures du soir ; le jour commençait à baisser ; notre infanterie soutenait seule le combat depuis dix heures du matin contre presque toute l'armée russe retranchée, aussi était-elle harassée de fatigue, la cavalerie ne pouvant que rarement lui venir en aide.

Il était temps que la réserve arrivât ; les fusiliers de la Garde se portèrent les premiers en avant ; mais le corps du maréchal Lannes ne tarda pas à se montrer, et prit position avec nos divisions. L'affaire devint alors plus chaude que jamais ; c'était surtout l'artillerie nombreuse de l'ennemi qui nous inquiétait ; tout ce qu'il y avait de pièces dans le corps d'armée, dans celui du maréchal Lannes, toutes celles de la Garde, furent dirigées contre elle ; plus de cinquante coups de canon partaient à la fois, et se succédaient avec une rapidité effrayante. La clarté vive que cette quantité de bouches à feu répandait dans la plaine faisait un nouveau jour au milieu de la nuit.

L'attaque avait toujours lieu par échelons, et c'était sur la redoute du milieu que se dirigeaient nos principaux efforts. Nous y arrivâmes une seconde fois, nous en chassâmes même l'ennemi, mais il nous en chassa à son tour, et on batailla ainsi jusqu'à une heure après minuit sans succès marqué. Le ciel était couvert, la nuit très obscure, et l'on ignorait, pour ainsi dire, où l'on dirigeait ses coups. Le combat finit donc après avoir duré près de quinze heures; nos troupes se retirèrent dans le bois à gauche, et le ma-- réchal Soult y établit son bivouac. Nous le cherchions encore, ne laissant pas que d'être en peine sur son compte; un de mes camarades, qui s'était détaché, le trouva, et nous fit donner de ses nouvelles au village de Lawden. Nos cantines arrivèrent heureusement dans ce village; nous les envoyâmes au maréchal après avoir gardé quelques provisions pour nous, et nous pas- sâmes la nuit sans pouvoir allumer de feu, et arrosés par une pluie continuelle.

11 *juin*. — A trois heures, nous allâmes trouver le maréchal dans le bois; il avait reçu l'ordre de faire prendre la droite à son corps d'armée, et ses divisions étaient déjà en marche pour aller s'y placer, pendant que celles du maréchal Lannes prenaient position à gauche; la cavalerie resta vers le centre. La matinée se passa à tirailler et à envoyer quelques boulets à l'en- nemi, qui montrait de temps en temps sa cavalerie. Nous nous attendions à une affaire générale; tous les corps d'armée arrivaient successivement et venaient s'établir à notre gauche, où l'Empereur les passait en revue; mais le moment n'était pas arrivé : l'ennemi qui avait fait des pertes considérables la veille, et qui vit nos forces réunies et le corps du maréchal Davout se portant sur Grossendorf, abandonna sa position, et nous employâmes cette journée à nous remettre des fatigues de la veille. Le maréchal fit faire sa baraque près de celle de l'Empereur, sur le plateau de Lawden, d'où l'on découvrait toute la plaine, et nous y passâmes une nuit exempte d'inquiétudes.

12 *juin*. — Le lendemain, nous fûmes sur pied de bonne heure; j'accompagnai le maréchal chez l'Empereur, qui se rendait à Heilsberg où nous le suivîmes. Le champ de bataille faisait horreur ; les Russes avaient enlevé une bonne partie de leurs blessés, mais il en restait encore beaucoup mêlés avec les nôtres, et le maréchal me fit examiner les boutons de nos soldats pour savoir quels régiments s'étaient le plus avancés. Les 43ᵉ, 55ᵉ de ligne et le 12ᵉ léger avaient le plus approché de la redoute du milieu, et y avaient perdu beaucoup de monde ; les palissades de la redoute étaient couvertes de morts.

La cavalerie et la garde impériale passèrent à Heilsberg pour se rendre à Preuss-Eylau. Le maréchal Lannes était parti de bonne heure avec les autres corps d'armée pour marcher, en suivant la gauche de l'Alle, parallèlement à l'armée russe qui descendait cette rivière par sa rive droite, pour gagner Friedland et ensuite Kœnigsberg, où existaient ses établissements, ses principales ressources et son lieu de rassemblement. Après avoir reçu les ordres de l'Empereur, le maréchal Soult revint à ses divisions, qu'il mit en marche pour Preuss-Eylau, mais en prenant une route plus à gauche que celle qui s'y rend directement d'Heilsberg. Nous partîmes à sept heures, nous passâmes à Grossendorf, à Eichhorn près de Landsberg, à Vorienen où nous vîmes le tombeau du brave général d'Hautpoul et celui du général Dallemagne, et nous arrivâmes à l'entrée de la nuit à Grünhofchen, mauvais hameau, à une lieue de Preuss-Eylau ; nous bivouaquâmes dans un bois.

13 juin. — Le maréchal m'envoya le lendemain dans cette ville pour remettre des dépêches au major-général. L'Empereur venait d'en partir pour Friedland. Après avoir reçu la réponse à mes dépêches, je rejoignis à Roditten le corps d'armée qui, d'après les ordres dont j'étais porteur, se dirigea en toute hâte sur Kreutzburg pour atteindre plus promptement Kœnigsberg, afin d'y prévenir ou d'y arrêter l'ennemi, et de couper en même temps les corps envoyés du côté du Frische-Haff s'ils se trouvaient en retard. Le prince Murat nous précédait avec sa cavalerie, et le corps d'armée du maréchal Davout suivait notre mouvement parallèlement à notre route et sur notre droite.

Porteur d'ordres pressés pour la nouvelle direction que le quatrième corps d'armée devait prendre, je traversai rapidement le terrain où, les 7 et 8 février 1807, s'était livrée sur la glace et la neige la sanglante bataille d'Eylau. Je passai auprès du cimetière attenant à l'église, qui, défendu longtemps et vigoureusement par nos armes, avait joué un rôle décisif dans cette mémorable journée. Sur ce champ de bataille, comme sur celui d'Austerlitz, il n'existe qu'un seul monument, une grande croix de bois à demi penchée vers le sol.

Isolé au milieu d'un vaste pays désormais silencieux, ce simple souvenir impressionne profondément, et on ne s'en approche qu'avec vénération.

Nous passâmes ce jour-là à Pompicken, à Porschkam, et arrivâmes de bonne heure à Kreutzburg où nous trouvâmes l'arrière-garde prussienne. Notre cavalerie légère, qui, depuis Heilsberg, était passée sous les ordres du colonel Soult, frère du maréchal, n'eut pas le temps de la joindre ; mais elle se porta à trois ou quatre lieues en avant de Kreutzburg, et se dispersa dans les villages environnants où elle prit beaucoup de traînards.

La troisième division bivouaqua en avant d'Arhensberg, la première en avant de Kreutzburg, et la deuxième tout auprès de cette ville ; le maréchal y établit son quartier général. Kreutzburg ne manque pas d'importance ; c'est une ville située dans une position riante, sur une petite rivière, au milieu d'une grande plaine. On y trouva assez de ressources ; nos soldats purent y avoir du pain, des poules et du vin, dont ils étaient privés depuis longtemps, et nous y eûmes un bon dîner et de bons logements dont nous ne profitâmes que quelques heures ; car dans la nuit le corps d'armée se mit en marche, et nous montâmes à cheval à la pointe du jour pour le joindre.

14 *juin.* — Il passa à Mahnsfeld, Lichtenhagen, Bergau, et nous arrivâmes, en même temps que la cavalerie légère, à Godrienen, d'où l'on découvre au loin, dans une vaste plaine peu ondulée, la ville assez étendue

de Kœnigsberg. Nous aperçûmes en même temps plusieurs régiments de cavalerie et plusieurs bataillons du
contingent prussien; ils nous laissèrent approcher; mais
le grand duc débouchant à notre droite avec une partie
de sa cavalerie, ils prirent aussitôt le sage parti d'entrer dans Kœnigsberg. Nous arrivâmes en même temps
que le grand-duc à Prappelen, où le 3ᵉ régiment de dragons de la division Milhaud fit mettre bas les armes à
un bataillon prussien; le colonel Alexandre de Girar-
din qui commandait ce régiment reçut un coup de feu
en chargeant. L'ennemi avait quelques troupes et de
l'artillerie à une lieue environ de Kœnigsberg pour en
défendre les approches; nous l'attaquâmes par la gauche, en même temps le maréchal Davout arrivait par
la droite; nous le poussâmes de position en position,
jusqu'à ce qu'il fût obligé de se réfugier dans la ville.
Le général Belliard, chef d'état-major du grand-duc,
fut alors envoyé en parlementaire pour faire capituler
la ville, et les feux cessèrent de part et d'autre.

Affaire de Kallgen. — Pendant ce temps, deux
colonnes attardées sur la haute Passarge, du côté de
Braunsberg, se présentèrent sur notre flanc gauche pour
entrer dans la place; elles étaient déjà près du village
de Kallgen; je vins en avertir le maréchal qui m'a-
vait envoyé de ce côté, et il fit partir tout de suite un
officier général pour représenter aux chefs qu'ils étaient
coupés, et les sommer de se rendre; mais on ne voulut
point l'écouter, et les tirailleurs continuèrent leur feu;
nous vîmes même leur artillerie prendre position.

Le maréchal les fit immédiatement attaquer par la brigade Bujet, de concert avec la cavalerie légère. Dans un instant, la première division et tout le corps d'armée furent dirigés contre eux, et je reconnus dans cette occasion, comme le 9 à l'affaire de Diettrichsdorf, l'avantage de conserver ses troupes réunies.

Cependant l'ennemi avait mis six pièces en batterie, et faisait un feu très vif ; les boulets arrivaient, plusieurs passèrent très près du maréchal ; notre artillerie fit bientôt cesser le feu de ces pièces, et nos troupes, offensées de l'audace de quelques régiments qui prétendaient traverser un corps d'armée, se précipitèrent sur eux, et les chargèrent à la baïonnette. Le 57ᵉ qui était en tête, et qui n'a jamais démenti son nom de *terrible*, aborda le premier l'ennemi, et le força à mettre bas les armes. Notre cavalerie légère poursuivit celle qui s'était montrée, et les officiers qui la commandaient vinrent se déclarer prisonniers. Nous prîmes en total dans cette affaire environ 2000 hommes d'infanterie, trois escadrons et six pièces de canon. Nous n'eûmes que quelques hommes blessés. Le général Bujet chargé de l'attaque eut le poignet droit emporté par un boulet.

Nous revînmes aussitôt prendre notre position devant Kœnigsberg ; les propositions du général Belliard n'avaient pas été écoutées, et le grand-duc dit au maréchal qu'il convenait de faire attaquer la ville. Le général Legrand reçut ordre d'y entrer, et fit aussitôt partir son infanterie légère composée des tirailleurs corses, des tirailleurs du Pô, et du 26ᵉ léger. Ils arrivèrent dans le principal faubourg en courant, en chassèrent l'ennemi, culbutèrent tout ce qui ne put entrer dans la ville, et firent beaucoup de prisonniers ; la cavalerie fit deux sorties sur eux, et fut très maltraitée. C'est le rapport que je fis au maréchal qui m'avait envoyé pour savoir ce qui se passait, et voir quel obstacle empêchait nos troupes d'avancer. L'ennemi avait mis le feu au faubourg et les ouvrages qu'il avait construits de ce côté de la ville ne permettaient pas d'espérer qu'on pût s'en rendre maître de vive force, ce qui décida le maréchal à laisser ses troupes dans le faubourg sans les faire avancer, et il se contenta d'envoyer quelques obus dans la ville.

Dans ce moment, le grand-duc reçut l'ordre d'aller rejoindre l'Empereur à Friedland avec le corps d'armée du maréchal Davout, et nous laissa seuls avec les dragons du général Milhaud devant Kœnigsberg. Le maréchal passa le reste de la journée à examiner les ouvrages qui défendaient cette capitale de l'ancienne Prusse, et fit retirer les troupes qu'il avait dans le faubourg. Il établit ses divisions autour de la ville, plaçant celle du général Milhaud à notre gauche pour nous garder du côté du Frische-Haff, et sa cavalerie légère à notre droite sur la route de Friedland. A l'entrée de la nuit, le chef d'escadron Custine, commandant le 8ᵉ hussards, ayant fait un crochet pour prendre par derrière les troupes qui avaient pu rester du côté du Frische-Haff, rentra avec deux escadrons de cavalerie prussienne et deux pièces de canon. Nous passâmes la nuit au petit village de Prapplen.

15 juin. — Le lendemain, le maréchal visita de bonne heure ses divisions, et observa de nouveau les ouvrages de Kœnigsberg; leur défense n'aurait pu être prolongée, mais l'attaque en était difficile, à cause des marais qui entourent la ville.

Un aide de camp du grand-duc de Berg nous donna vers le soir la première nouvelle de la victoire de Friedland, en nous disant que l'Empereur avait couché la veille sur un champ de bataille couvert de plus de 6000 morts russes. L'ennemi avait été défait sur la rive gauche de l'Alle, au moment où il franchissait en toute hâte cette rivière pour gagner Kœnigsberg et s'y mettre à l'abri de nos poursuites en occupant cette ville, et prenant position sur la Pregel, le Frische-Haff couvrant sa droite. Ce grand événement nous fit espérer que l'ennemi s'empresserait d'évacuer Kœnigsberg; en effet, le soir, plusieurs déserteurs et plusieurs bourgeois de la ville vinrent nous apprendre qu'il s'était retiré; mais le maréchal ne fit pas moins élever pendant la nuit deux batteries pour être en mesure. Cette précaution fut inutile; le lendemain, à trois heures, il n'y avait plus que 150 hommes dans Kœnigsberg, et les portes nous furent ouvertes.

16 juin. Entrée à Kœnigsberg. — Dans le même moment, un officier du maréchal prince de Neufchâtel nous apporta les détails de la victoire de Friedland. Annoncés immédiatement aux divisions, ils y furent reçus aux cris mille fois répétés de *Vive l'Empereur !*

Le corps d'armée entra aussitôt dans Kœnigsberg;

mais le maréchal, voulant épargner la place, fit camper les deuxième et troisième divisions en avant de la ville, et n'y laissa que la première. Notre cavalerie et la division de dragons se portèrent du côté du Curische-Haff jusqu'à Labiau ; une partie fut dirigée du côté de la langue de terre de Pillau.

Un de mes camarades partit pour aller rendre compte de notre entrée à Kœnigsberg à l'Empereur qui était à Wehlau, et lui faire part des ressources immenses que nous y avions trouvées. Nous attendions son retour pour nous mettre en marche ; mais l'Empereur ordonna seulement au maréchal d'envoyer le général Saint-Hilaire avec une brigade de sa division pour s'emparer de Pillau, place assez forte par sa situation sur le Frische-Haff, à l'extrémité d'une longue langue de terre. Il partit le 17, attaqua le 18 cette place, bien défendue par sa position et par une forte citadelle ; mais ne pouvant la forcer à se rendre avec des pièces de campagne, le général Saint-Hilaire conclut un armistice avec le major qui la commandait. Ils convinrent ensemble de faire cesser les hostilités, jusqu'à ce que le roi de Prusse eût fait connaître ce qu'il prétendait faire de Pillau. L'arrivée de l'Empereur à Tilsitt, ses entrevues avec l'empereur Alexandre et le roi de Prusse, l'armistice dont ils convinrent, rendirent très heureuse cette mesure qui avait épargné toute effusion de sang.

La paix entre ces trois souverains ne tarda pas à mettre fin à une campagne digne de celles d'Austerlitz, d'Iéna et d'Eylau.

En nous reportant à ces souvenirs déjà bien éloignés de nous, nous avons pensé que des faits recueillis dans le moment même et une indication scrupuleuse des lieux, pourraient offrir de l'intérêt, même après les récits de l'histoire, et ajouter, peut-être, quelques particularités nouvelles, à ce que l'on connaît des opérations et du rôle du quatrième corps de la Grande Armée, dans cette campagne où brillèrent d'un si vif éclat le génie et la fortune de Napoléon.

Le général de division,

Baron de SAINT-JOSEPH.

Paris. — Imprimerie de E. MARTINET, rue Mignon, 2.

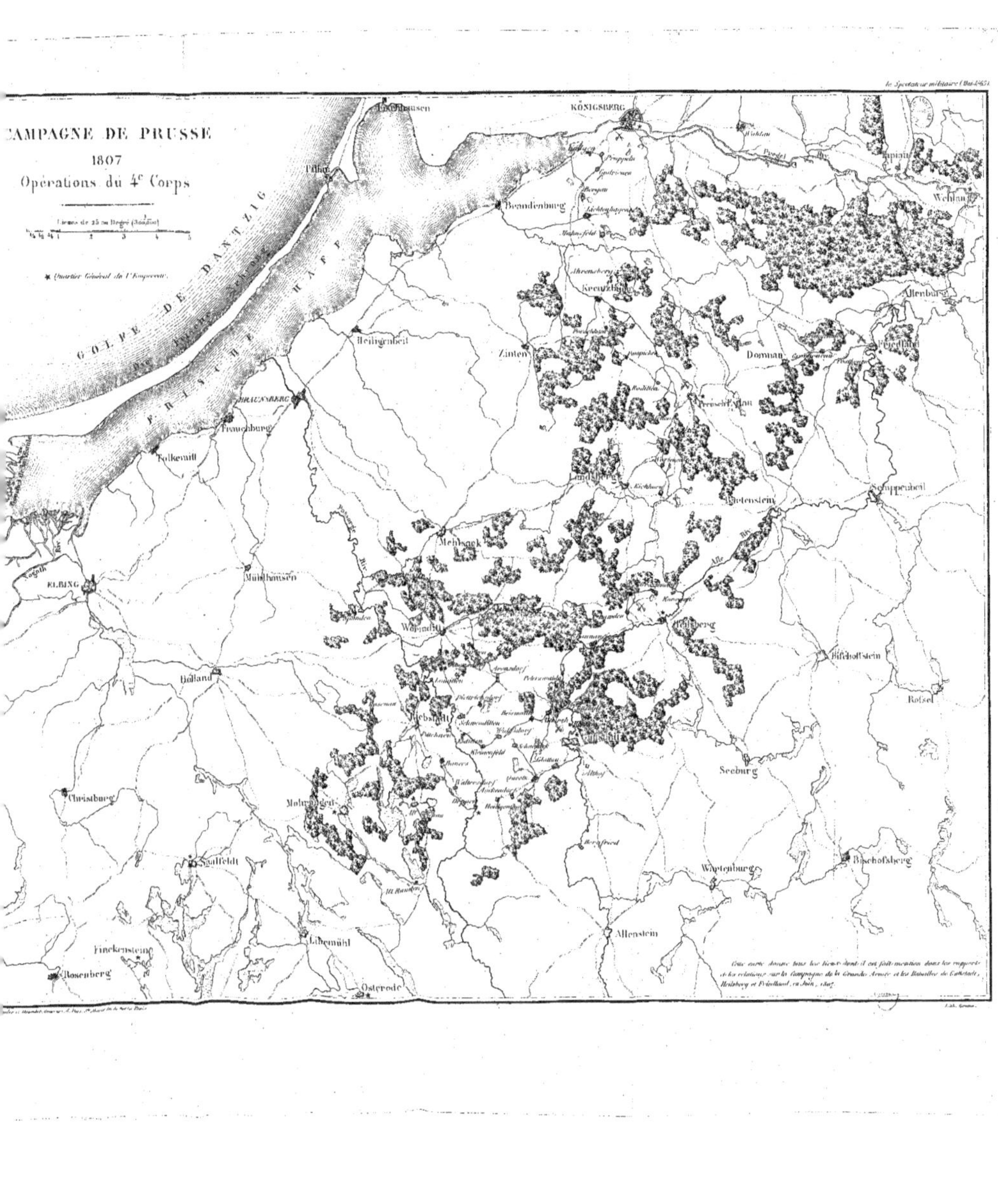

le Spectateur militaire t Bul.1851
CAMPAGNE DE PRUSSE
1807
Opérations du 4e Corps
Lieues de 25 au Degré (300.000)
Quartier Général de l'Empereur.
GOLFE DE DANTZIG
FRISCHE HAFF
KÖNIGSBERG
Wohlau
Pillau
Brandenburg
Wehlau
Ahrensberg
Kreuzburg
Altenburg
Heiligenbeil
Zinten
Domnau
Friedland
Braunsberg
Frauenburg
Preussisch-Eylau
Folkemitt
Landsberg
Schippenbeil
Elbing
Mühlhausen
Mehlsack
Bartenstein
Wormditt
Heilsberg
Bischoffstein
Holland
Rossel
Liebstadt
Saalfeld
Seeburg
Mohrungen
Wartenburg
Bischofsberg
Saalfeldt
Christburg
Finckenstein
Liebemühl
Allenstein
Rosenberg
Osterode
Cette carte donne tous les lieux dont il est fait mention dans les rapports
et les relations sur la Campagne de la Grande Armée et les Batailles de Gutstadt,
Heilsberg et Friedland, en Juin, 1807.
Lith. Genin.

41